Conoce a mi mascota

EL CERDO VIETNAMITA

Jared Siemens

Paso 1
Ingresa a www.openlightbox.com

Paso 2
Ingresa este código único

AVT75957

Paso 3
¡Explora tu eBook interactivo!

Conoce a mi mascota
EL CERDO VIETNAMITA

Iniciar

Comparte

AV2 es compatible para su uso en cualquier dispositivo.

Tu eBook interactivo trae...

Audio
Escucha todo el lobro leído en voz alta

Videos
Mira videoclips informativos

Enlaces web
Obtén más información para investigar

¡Prueba esto!
Realiza actividades y experimentos prácticos

Palabras clave
Estudia el vocabulario y realiza una actividad para combinar las palabras

Cuestionarios
Pon a prueba tus conocimientos

Presentación de imágenes
Mira las imágenes y los subtítulos

Comparte
Comparte títulos dentro de tu Sistema de Gestión de Aprendizaje (LMS) o Sistema de Circulación de Bibliotecas

Citas
Crea referencias bibliográficas siguiendo los estilos de APA, CMOS y MLA

Este título está incluido en nuestra suscripción digital de Lightbox

Suscripción en español de K–5 por 1 año
ISBN 978-1-5105-5935-6

Accede a cientos de títulos de AV2 con nuestra suscripción digital.
Regístrate para una prueba GRATUITA en **www.openlightbox.com/trial**

Se garantiza que los componentes digitales de este libro estarán activos por 5 años.

Conoce a mi mascota

EL CERDO VIETNAMITA

CONTENIDOS

- 4 Adoptando un cerdo vietnamita
- 6 Diferentes tipos
- 8 Los dientes
- 10 La panza
- 12 El ejercicio
- 14 El cuidado del sol
- 16 La alimentación
- 18 Creciendo con salud
- 20 Me cerdo vietnamita
- 22 Datos sobre los cerdos vietnamitas

Quiero tener un cerdo vietnamita de mascota.

Debo aprender a cuidarlo.

Hay muchos tipos de cerdos vietnamitas para elegir como mascota.

Yo quiero uno de pelo blanco y negro.

CERDOS MASCOTAS

Cerdo Juliana
40 a 65 libras
(18 a 29 kilogramos)

Cerdo vietnamita
70 a 150 libras
(32 a 68 kg)

Cerdo Kunekune
120 a 240 libras
(54 a 109 kg)

Cerdo Kunini
120 a 240 libras
(54 a 109 kg)

Los cerdos vietnamitas tienen dos dientes largos llamados colmillos.

Estos colmillos nunca dejan de crecer.

Mi cerdo vietnamita tiene una panza muy grande que le llega al suelo.

Le gusta que le rasque la panza.

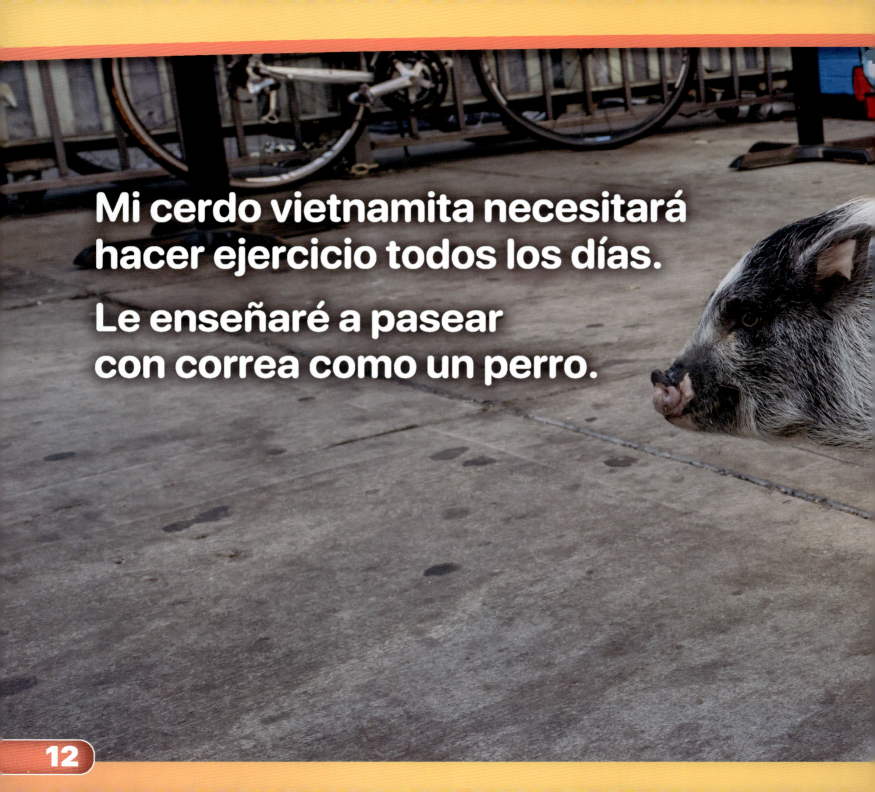

Mi cerdo vietnamita necesitará hacer ejercicio todos los días.

Le enseñaré a pasear con correa como un perro.

Mi cerdo vietnamita puede tener una quemadura de sol los días soleados.

Le pondré protector solar antes de salir.

Mi cerdo vietnamita comerá casi cualquier cosa que encuentre.

Le daré alimento para cerdos y vegetales dos veces por día.

LA COMIDA DE LAS MASCOTAS

Hurones
Carne cruda y pienso
TRES VECES al día.

Cerdos vietnamitas
Comida para cerdos, vegetales y pasto
DOS VECES al día.

Conejillos de Indias
Frutas y vegetales
UNA VEZ al día.

Ranas
Diferentes tipos de insectos
DÍA POR MEDIO.

Mi cerdo vietnamita necesitará una cama.

Me aseguraré de que tenga un lugar blando para dormir por las noches.

CRECIENDO

Lechón recién nacido
Hasta 3 libras (1,4 kg)
Toma leche de su mamá.
Necesita estar calentito.

Lechón de 4 semanas
Hasta 20 libras (9 kg)
Aprende de su mamá.
Chilla cuando tiene hambre.

Lechón de 8 semanas
Hasta 60 libras (27 kg)
Hace pozos con su hocico.
Come alimento sólido.

Cerdo adulto
Hasta 240 libras (109 kg)
Le gusta acurrucarse.
Es curioso.

Estoy lista para llevar a mi cerdo vietnamita a casa.

Lo cuidaré mucho.

¡PIÉNSALO!

¿Qué otras cosas puedes hacer para que tu cerdo vietnamita esté contento y sano?

DATOS SOBRE LOS CERDOS VIETNAMITAS

Estas páginas ofrecen información detallada sobre los interesantes datos de este libro. Están dirigidas a los adultos, como soporte, para que ayuden a los jóvenes lectores a redondear sus conocimientos sobre cada sorprendente animal presentado en la serie *Conoce a mi mascota*.

Páginas 4–5

Quiero un cerdo vietnamita de mascota. Los cerdos vietnamitas son cerdos en miniatura que pesan mucho menos que sus primos, los cerdos de granja. Los cerdos son muy inteligentes y son más fáciles de entrenar que los perros. Estos animales increíblemente sociales son excelentes mascotas y se relacionan muy bien con sus dueños. Antes de llevar un cerdo vietnamita a casa, asegúrese de que su ciudad o estado permita tener este tipo de mascota.

Páginas 6–7

Hay muchos tipos de cerdos vietnamitas para elegir como mascota. Existen varios tipos de cerdos diferentes que se pueden tener de mascota en los Estados Unidos. El cerdo vietnamita es el más popular. Todos los cerdos vietnamitas tienen una panza grande, el lomo arqueado y dos orejas puntiagudas. Pueden tener pelo negro, blanco o moteado. A pesar de que son mucho más pequeños que los cerdos de granja, los cerdos vietnamitas adultos pueden llegar a pesar unas 250 libras (113 kg).

Páginas 8–9

Los cerdos vietnamitas tienen dos dientes largos llamados colmillos. Tanto los machos como las hembras tienen colmillos. Los colmillos de las hembras suelen ser pequeños, casi del tamaño del resto de sus dientes, y no necesitan mantenimiento. Los colmillos del macho salen aproximadamente a los 3 años y le continúan creciendo y sobresaliendo de la boca durante toda la vida. Solo se le deben recortar si le causan problemas al cerdo o a su dueño. Si es necesario, un veterinario calificado puede recortar los colmillos de su mascota.

Páginas 10–11

Mi cerdo vietnamita tiene una panza muy grande que le llega al suelo. La característica más distintiva de los cerdos vietnamitas es su enorme panza y su lomo arqueado. A veces, la panza puede ser tan grande que toca el piso. Aunque a los cerdos vietnamitas les encanta la comida, este tamaño de panza es natural y no significa que tengan sobrepeso. Los cerdos vietnamitas continúan creciendo hasta los 3 o 4 años. Cuando ya son adultos, la mayoría de los cerdos vietnamitas tienen el tamaño de un perro mediano.

Páginas 12–13

Mi cerdo vietnamita necesitará hacer ejercicio todos los días. Con un poco de entrenamiento, el cerdo vietnamita puede aprender a pasear con arnés y correa. Los paseos diarios también pueden ayudar a gastar sus pezuñas. Si no se le gastan naturalmente, un veterinario deberá recortárselas dos veces al año. Los cerdos necesitan pasar mucho tiempo afuera en un lugar seguro y cercado donde puedan hozar, hacer pozos y merodear.

Páginas 14–15

Mi cerdo vietnamita puede tener una quemadura de sol los días soleados. A los cerdos vietnamitas les encanta tomar sol, pero necesitan protector solar para que no se le queme la piel. Es importante que tenga sombra, porque los cerdos no pueden transpirar y pueden sufrir un golpe de calor con facilidad. Colocándole una piscina de niños para que juegue, su cerdo estará fresco y limpio. Cepillarlo también ayuda a mantenerlo limpio sin irritar su piel.

Páginas 16–17

Mi cerdo vietnamita comerá casi cualquier cosa que encuentre. Los cerdos vietnamitas deben alimentarse dos veces al día. Necesitan comer alimento especial para cerdos. Su dieta debe complementarse con heno, vegetales frescos y fruta. A los cerdos les encanta comer y, a veces, pueden comer demasiado. Antes de cumplir los 3 meses, los cerdos vietnamitas pueden comer la cantidad de alimento que quieran. Después de esa edad, es importante que los dueños racionen cuidadosamente su alimento para que no coman de más.

Páginas 18–19

Mi cerdo vietnamita necesitará una cama. Viva adentro o afuera de la casa, el cerdo vietnamita necesitará tener una cama y un lugar propio para dormir y relajarse. Es importante que los cerdos que viven afuera tengan un refugio para sus cosas. Una casa de perro o un pequeño cobertizo con mantas o paja es ideal para el cerdo que vive afuera. Los que viven dentro de la casa deben estar en un lugar tranquilo. Si el cerdo pasa la mayor parte del tiempo adentro de la casa, se le debe enseñar a usar la caja de arena sanitaria.

Pag Páginas es 20–21

Estoy lista para llevar a mi cerdo vietnamita a casa. Los cerdos necesitan mucha atención y actividad para estar sanos y contentos. La mayoría de los cerdos vietnamitas viven entre 12 y 15 años. Algunos pueden llegar a vivir casi 20 años. Se los debe llevar al veterinario todos los años para vacunarlos y controlarlos. Antes de llevar un cerdo vietnamita a casa, asegúrese de que haya una veterinario calificado en su ciudad que tenga experiencia en cerdos.

23

Published by Lightbox Learning Inc.
276 5th Avenue, Suite 704 #917
New York, NY 10001
Website: www.openlightbox.com

Copyright ©2026 Lightbox Learning Inc.
All rights reserved. No part of this publication may be reproduced, stored in a retrieval system, or transmitted in any form or by any means, electronic, mechanical, photocopying, recording, or otherwise, without the prior written permission of the publisher.

Library of Congress Control Number: 2024947244

ISBN 979-8-8745-1326-9 (hardcover)
ISBN 979-8-8745-1328-3 (static multi-user eBook)
ISBN 979-8-8745-1330-6 (interactive multi-user eBook)

Printed in Guangzhou, China
1 2 3 4 5 6 7 8 9 0 29 28 27 26 25

102024
101724

Art Director: Terry Paulhus
Project Coordinator: Sara Cucini
English/Spanish Translation: Translation Services USA

Every reasonable effort has been made to trace ownership and to obtain permission to reprint copyright material. The publisher would be pleased to have any errors or omissions brought to its attention so that they may be corrected in subsequent printings.

The publisher acknowledges Getty Images, Alamy, and Shutterstock as the primary image suppliers for this title.